Grün ist mein Wellensittich,
der Alexander heißt,
und grün ist auch ein Heuschreck,
wie euch mein Bild beweist.
Grün zeigt die Straßenampel
zum Überqueren an,
und grün sind auch die Bäume,
auf die man klettern kann.

ALEXANDER

Mein Mund ist ringsum lila,
wenn's Heidelbeeren gibt,
und lila Fliedersträuße
sind überall beliebt.
Das Heidekraut ist lila,
und Krokus kann es sein,
und heute sind's die Flecken
an meinem rechten Bein.

Der Klecks in meinem Malbuch
ist groß und rund und blau,
doch mal' ich ruhig weiter –
ich nehm's nicht so genau.
Ich habe blaue Augen,
ja, seht nur richtig her!
Und blau ist unser Milchtopf
(was drin ist, lieb' ich sehr).

Die Hasenschwänzchen leuchten,
doch nur, wenn Hasen fliehn,
ganz weiß. Und hoch am Himmel
schneeweiße Wolken ziehn.
Der Berg auf meinem Teller
ist weißes Sahneeis,
und Schnee, da bin ich sicher,
ist ebenfalls ganz weiß!

Nun will ich euch noch zeigen,
was alles grau sein kann:
Mit grauen Mäusen fangen
wir darum gleich mal an!
Auch meine lange Hose
ist - frisch gewaschen - grau
und von dem großen Dampfer
das dicke Haltetau.

Auch Rot kenn' ich schon lange:
Seht die Tomaten an
und hier mein rotes Auto,
das sogar klingeln kann.
Des Abends sieht die Sonne
oft rot und glühend aus,
und rot sind auch die Ziegel
an unserm Gartenhaus.

Annettes Stubenwagen
ist rosa, wie ihr seht,
denn Rosa nimmt man gerne,
wenn's sich um Mädchen dreht.
Ein Kakadu ist rosa,
und jetzt kommt noch zum Schluß
die große rosa Torte
mit all dem Zuckerguß.

Mein Hund hier und die Brezel
sind alle beide braun,
Kastanien auch und Blätter
und dieser hohe Zaun.
Ganz braun bin ich im Sommer,
vom Kopf bis zu der Zeh.
Braun ist auch Fips, mein Affe,
und braun ist der Kaffee.

Orange ist eine Farbe,
die ich besonders mag.
Orangenlimonade
schmeckt mir den ganzen Tag.
Auch Apfelsinen nenn' ich
orange und Annes Kleid
und auch das Zelt dort hinten!
Seht ihr, ich bin gescheit!

Der schwarzen Amsel höre
ich abends gerne zu.
Von Onkel Fritz bekam ich
die neuen schwarzen Schuh'.
Das Loch im Starenkasten
ist schwärzer als die Nacht.
Die schwarzen Uhrenzeiger
stehn jetzt genau auf acht.

Doch jetzt sollt ihr mir zeigen:
Seid ihr wie ich so schlau?
Wo ist an meiner Decke
zum Beispiel Gelb und Blau?
Wo ist bei meinen Klötzchen
wohl Lila, Rot und Braun?
Wie heißen alle Farben
an meinem Flickenclown?

Und habt ihr sie geraten
- das glaub' ich sicherlich!-,
kennt ihr jetzt alle Farben
und seid so klug wie ich.

Kinderglück

durch Boje-Bilderbücher